SOCIÉTÉ ACADÉMIQUE DE LAON.

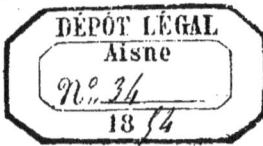

NOTICE

SUR LA VIE ET LES OUVRAGES

DU BARON

ALEXANDRE DE THÉIS,

Ancien Maire de Laon, ancien Préfet de la Haute-Vienne,
auteur du *Voyage de Polyclète;*

PAR

M. HIPPOLYTE GRELLET,

Président du Tribunal de Laon,
Vice-Président de la Société académique.

LAON.

IMPRIMERIE DE ÉD. FLEURY, RUE SÉRURIER, 22.

—

1854.

Le Baron Alexandre de Théis. [1]

MESSIEURS,

La Société académique de Laon a été instituée pour
entretenir, dans ce bon et généreux pays, le feu sacré
des lettres ; c'est un sanctuaire dédié à toutes les gloires
locales, où doivent être remis en lumière et en honneur
tous les noms qui les représentent et que ne protège
plus contre l'oubli la reconnaissance des contemporains
qui chaque jour disparaissent.

M. le baron Alexandre de Théis nous appartient à ce
titre, moins encore parce qu'il a été maire de Laon,
conseiller et secrétaire-général de la préfecture de l'Aisne,
préfet et administrateur distingué, que comme auteur
d'ouvrages utiles où s'est empreint, avec un remar-
quable talent, le caractère élevé d'un homme de bien et
d'imagination, un esprit varié en toutes sortes de connaissances, judicieux investigateur des choses du passé,

(1) Cette notice a été écrite pour la Société académique de Laon,
qui en a entendu la lecture dans sa séance du 2 mai 1854.

qui ne recueille péniblement la science à toutes les sources que pour la semer à pleines mains et la rendre facile à tous.

M. de Théis est mort il y a tantôt douze ans ; nous n'avons pas eu le bonheur de le connaître personnellement ; mais tous les traits, par lesquels nous allons tâcher de le faire revivre devant vous, sont encore présents, je ne dis pas seulement au cœur de ses amis, mais au souvenir de tous ceux qui l'ont approché.

Il était né en 1765, à Nantes, bien loin de cette ville de Laon qui, pendant trente ans, devait être sa patrie d'adoption.

Il ne faut pas attacher aux privilèges de la naissance un prix exclusif et souverain ; mais, pour expliquer un homme tout entier, il ne faut pas non plus le séparer de son berceau, de la famille où son ame a reçu ses premières impressions, ni des conditions où il a été élevé. Grâce à Dieu, tout gland, par sa vertu propre, peut devenir un beau chêne ; mais il le deviendra sûrement, s'il est tombé d'un arbre fort et vigoureux et si une main intelligente et sage a dirigé son premier essor.

La famille de M. de Théis était originaire du Dauphiné; quelques traditions qui s'y sont conservées à travers les âges, disent qu'elle était très ancienne dans cette province et qu'au 15e siècle elle émigra en Flandre pour s'être trop mêlée dans cette guerre, à la fois civile et domestique, où le Dauphin, qui s'appela plus tard Louis XI, s'armant contre son roi et son père, s'exila lui-même pendant des années à la cour du duc de Bourgogne.

Ce qui est certain, ce qui est écrit dans un respectable titre, un peu vaincu du temps, mais scellé du vieux sceau royal et précieusement transmis de génération en génération, c'est que, au 16ᵉ siècle, Adolphe de Théis, un brave et rude capitaine de lansquenets, vint s'établir en Picardie, y portant des lettres signées de François Iᵉʳ, où étaient attestés « ses bons et loyaux services, rendus à la France, tant au fait des guerres que autrement. »

Ce capitaine de lansquenets était, en ligne directe, le septième aïeul de notre baron de Théis ; c'est de là qu'est venue à bon droit sa noblesse.

Au temps de sa naissance, son père, Marie-Alexandre de Théis, se trouvait établi à Nantes, où il occupait la charge de juge-maître des eaux et forêts, charge qui paraît avoir eu quelque importance et qu'il abdiqua, jeune encore, pour venir se fixer à la campagne, près de Chauny, dans un domaine venant de ses ancêtres. La mémoire de ce chef de la famille de Théis mérite de s'être conservée : c'était, disent les vieillards dont nous avons recueilli les souvenirs, c'était l'un des hommes les plus aimables du siècle aimable où il vécut. Il en avait la grâce, l'urbanité, le goût et l'esprit. Orphelin à vingt ans, brillant élève des Jésuites de La Flèche, encouragé par eux dans ses essais de poésie et de littérature, il sortit de leurs mains pour tous les succès que donne le monde. Doué d'une intelligence rapide qu'il avait développée par l'étude, le ciel lui avait donné encore, avec une noble et charmante figure, une ame forte, pleine de sagesse et de douceur ; sa conversation surtout abondait en graves enseignements, quand elle n'éclatait pas en traits vifs et inattendus.

C'est aux champs, en la compagnie assidue d'un tel père, sous ses vivifiantes influences, que fut élevé et grandit Alexandre de Théis avec sa sœur, qui devait être un jour la belle princesse Constance de Salm, l'une des femmes de ce siècle qui ont cultivé avec le plus d'éclat les lettres et la poésie, et qui, elle aussi, pourrait être le sujet de la plus intéressante notice.

Passons rapidement sur ses premières années. Gentilhomme et des meilleurs, il dut acquitter, selon les idées du temps, le devoir de sa naissance; à vingt ans, il était militaire et sous-lieutenant de cavalerie. Mais sa vocation n'était pas là. Les sciences naturelles, la botanique surtout, la philosophie, l'histoire, l'amour des lettres avaient subjugué de bonne heure cette ame naturellement portée à la méditation et ouverte à toutes les pures jouissances que donne l'étude. Puis la révolution arrivait, grosse de tempêtes terribles, à travers les éblouissements de gloire et de liberté qui fascinaient et troublaient les meilleurs esprits.

M. de Théis, comme un sage un peu timide, se retira dans son domaine de Laventure, aux lieux même où s'était doucement écoulée son enfance, et il n'en sortit que pour venir, vers 1802, se fixer à Laon par son alliance avec une des honorables familles de ce pays. Son mariage le donna pour beau-frère au général vicomte de Saint-Mars, mort il y a moins d'une année secrétaire-général de l'administration de la Légion-d'Honneur, dans le palais même de la légion, digne asile ouvert à sa noble vieillesse.

M. de Théis, maître désormais de sa destinée, mit en ordre les richesses lentement amassées d'une instruction aussi solide que variée. Il se fit connaître d'abord par un ouvrage de pure science auquel il donna pour titre : *Glossaire de botanique ou Dictionnaire étymologique de tous les noms et termes relatifs à cette science.* (Paris-1810.)

Nous sommes personnellement peu compétent pour

apprécier la valeur scientifique de ce livre, fruit de longues et laborieuses recherches et d'une érudition de Bénédictin. Le manuscrit en avait été livré, dès 1805, à l'examen des professeurs du Muséum d'Histoire Naturelle, et une commission, composée des plus savants hommes de ce temps, de Jussieu, de Haüy et de Desfontaines, en rendit le compte le plus favorable : « Cet » ouvrage, disait le rapporteur, sera très-utile à ceux qui » se livrent à l'étude de la botanique; nous désirons que » M. de Théis le donne promptement au public, et nous » ne doutons pas qu'il n'en soit parfaitement accueilli. »

L'ouvrage parut, quelques années après, dédié à l'illustre de Jussieu, et il obtint tout le succès qu'on en devait attendre sur la foi de tels suffrages. Quel est, en effet, le but heureusement atteint par l'auteur? La botanique est une science immense, incessamment accrue dans ses nomenclatures depuis Aristote et Pline, dont le génie encyclopédique embrassait tout pour tout abréger et coordonner, jusqu'à Linné qui, d'une main hardie, s'emparant de tous les éléments confus arrivés jusqu'à lui, refondant les espèces et les genres dans d'admirables classifications, avait créé toute une langue à l'usage des érudits, langue à laquelle manquait un dictionnaire pour les gens du monde. C'est ce dictionnaire que nous devons à M. de Théis; avec son aide, un sens clair et précis s'attache, par la recherche patiente des étymologies, à des mots et à des noms jusque-là arides et techniques. Ces mots et ces noms, dérivés presque tous du celtique, du grec, du latin, souvent de l'arabe et des différents idiomes modernes, s'expliquent désormais d'eux-mêmes et se gravent facilement dans la mémoire par leur sens propre ou par leur étymologie, ingénieusement découverte, quelquefois avec le secours de

la fable ou de l'histoire. Ainsi, nous trouvons au mot
Centaurea, centaurée :

« Nom poétique donné à cette plante, parce que le
» centaure Chiron s'en servit pour se guérir d'une bles-
» sure qu'il s'était faite au pied avec une flèche d'Her-
» cule. (Voyez Pline, liv. 25, chap. 6.) »

Au mot *Geranium* : « dérivé de *Geranos*, grue ; de
» l'appendice allongé qui surmonte ses graines et qui res-
» semble très-bien au long bec de la grue ; de là le nom
» vulgaire de *bec de grue*. »

Au mot *Quercus* : « Ce mot vient du celtique *quer*,
» beau ; *cuez*, arbre ; le bel arbre, l'arbre par excel-
» lence, épithète que les Celtes appliquaient au chêne,
» parce qu'il produisait le gui sacré, objet de leur culte.
» Il avait, d'ailleurs, son nom particulier en leur lan-
» gue ; ils l'appelaient *derw*. — De *derw*, les Celtes
» avaient fait druïdes, prêtres du chêne. La ville de
» Dreux en tire aussi son nom. César dit, en effet, que
» le grand collège des Druïdes était situé aux confins du
» pays Chartrain, précisément où est Dreux. C'est de ce
» même mot que les Grecs ont fait *drus*, chêne, et
» par suite *druades* et *amadruades*, divinités du chêne.
» Il paraît même que l'idée d'attacher des divinités aux
» chênes était, parmi les Grecs, un rite de la religion
» des Celtes, leurs ancêtres. En mythologie, le chêne
» était consacré à Jupiter, le premier des dieux ; il en
» est de même des célèbres oracles des chênes de
» Dodone. »

C'est par ce procédé, appliqué à un nombre infini de
noms et de mots de toute origine, que M. de Théis a con-
tribué à rendre plus facile et presque populaire une
science, longtemps réservée à quelques élus et à laquelle
ne suffissaient pas les plus prodigieux efforts de mé-

moire. Les savants peuvent se passer de ce livre ; mais il est indispensable à qui voudra le devenir.

Nous vous prions, Messieurs, de nous pardonner si nous nous sommes un peu étendu sur cette première production de M. de Théis ; mais ce qui nous a frappé dans son travail, ce que nous ne saurions assez faire remarquer, ce n'est pas seulement le mérite réel, c'est l'esprit de suite, c'est l'opiniâtreté du laborieux auteur, c'est ensuite le besoin de vulgariser la science, qui sera le caractère dominant de tous ses écrits.

Après l'enfantement de cette œuvre d'érudition et dans les intervalles de loisir que lui laissaient d'importantes fonctions publiques et d'autres sévères études dont nous parlerons bientôt, M. de Théis voulut prouver que l'imagination, cette folle du logis, comme l'appellent les poètes, le visitait encore familièrement comme au temps de sa jeunesse. Il y avait, en effet, sous cette figure grave et sereine, dans cette tête que l'âge commençait à blanchir, un coin de poésie toujours prêt à se révéler.

Il publia deux romans, l'un en 1818, les *Mémoires d'un Espagnol* ; l'autre en 1825, les *Mémoires d'un Français* : faciles délassements d'une plume qui annotait alors, pour le grand ouvrage qui devait assurer sa renommée, Tite-Live, Salluste, Polibe, Plutarque et toute l'antiquité grecque et romaine.

Les *Mémoires d'un Espagnol* nous reportent d'abord aux souvenirs de l'invasion de la péninsule en 1808. Don Alphonse de Péraldo, jeune Castillan, sortant des mains d'une mère chrétienne et veuve, est appelé au Mexique pour y recueillir la riche succession d'un oncle. Au retour, jeté seul, par un naufrage, sur une île déserte de la mer du Sud, il y rencontre une jeune fille, une enfant, sauvage et presque nue, qui devient sa compagne, qu'il instruit selon le dieu de vérité, qu'il élève selon son cœur, en développant chez elle tous les instincts d'une pudeur charmante. La jeune sauvage, ainsi transformée, devient épouse et mère. Heureuse, elle va voir l'Espagne, la patrie qui lui est promise ; mais elle meurt dans la traversée, à Manille, laissant un fils, beau comme elle, qui vient vaillamment tomber, à vingt ans, à côté de son père, en défendant le château de ses aïeux, sous les balles d'une bande de soldats français.

Tel est le sujet de ce premier roman réduit à sa plus simple expression.

L'autre est encore un épisode de nos guerres impériales, de la gigantesque campagne de Russie en 1812. Le héros est un jeune gentilhomme français, revenu de l'émigration à la suite de son père, à qui l'Empereur, partant pour Moscou, a envoyé un brevet de sous-lieutenant de cavalerie. Il s'éloigne du château paternel, laissant derrière lui une famille désolée, dont il est le dernier et cher rejeton, et une femme généreuse et belle, dont il n'est pas l'époux, qu'il aime pourtant d'une passion profonde, secrètement partagée, amie trop tendre qui a gardé, dans son innocence violemment troublée, la foi jurée à un vieillard, aimable et bon, devenu son père sous le titre de son mari. — Il part, et, dès les premiers pas, dans une sanglante escarmouche, aux bords de la Moskowa, il tombe, blessé et prisonnier, aux mains de l'ennemi, mais après avoir eu le bonheur de sauver la vie à un vaillant officier russe qui, jeté à terre et renversé, allait périr sous le sabre de nos soldats. Emmené sur un charriot, à travers des steppes incultes et des forêts sans fin, le hasard lui fait trouver un asile dans un château où il est reçu par une jeune femme en deuil qui a juré haine et malédiction aux Français qui envahissent sa patrie et à qui elle impute la mort de son mari tué dans les derniers combats. Mais ce mari qu'elle pleurait est vivant ; c'est ce même seigneur russe sauvé par notre officier français. Ils se retrouvent, ils se reconnaissent ; une vive et charmante amitié s'établit entre eux. Comment le jeune seigneur, guéri de ses blessures, poussé par l'ambition, s'élance à d'autres périls, remettant sa femme, belle et sensible, à l'honneur de son ami, comment un amour ardent, trop partagé, s'allume entre l'épouse délaissée et l'ami trop confiant en sa propre vertu, comment enfin se dénoue ce drame triste, douloureux, plein d'intérêt, c'est ce qu'il serait trop long de raconter, ce qui suffit cependant pour donner une idée de ces compositions légères où se délassait le talent de M. de Théis dans les loisirs occupés de son âge mûr.

Dans l'une et l'autre, il faut le dire, l'invention est faible ; mais si la fable et les situations n'offrent pas ces péripéties inattendues qui s'attaquent aux nerfs et ont fait la fortune de nos romans modernes, si quelques peintures trop vives de l'amour, toutes gracieuses qu'elles soient, peuvent effrayer la pudeur inquiète de la mère de famille, il faut tout pardonner à ce style simple, clair, naturel surtout, qui, quoique fort soigné dans sa facile abondance, semble couler comme d'une source pure et intarissable ; puis, en définitive, on y retrouve, toujours et partout, un hommage à la vertu et l'austère devoir triomphant des folles passions du monde et de la jeunesse.

C'est à travers ces jeux un peu frivoles d'une imagination encore pleine de jeunesse que nous arrivons aux rudes travaux, je veux dire à l'ouvrage, devenu classique, qui a consacré le nom de M. de Théis parmi les plus estimables écrivains de notre âge. En 1821, entre les *Mémoires d'un Espagnol* et les *Mémoires d'un Français*, avait paru le *Voyage de Polyclète.* Qu'il nous soit permis de nous étendre un peu sur cette œuvre qui est le titre considérable de M. de Théis à un regard de la postérité.

Le *Voyage de Polyclète* a pour objet de nous faire connaître ou plutôt de nous faire voir Rome, à cette époque, si célèbre dans ses annales, où Marius et Sylla, représentant, l'un sa farouche démocratie, l'autre le fier orgueil de ses patriciens, se disputaient, le glaive à la main, le droit de vie ou de mort sur leurs ennemis ; à cette époque où, victorieuse au dehors par ses armes, vaincue au dedans par ses dissensions, se débattant au nom de la liberté dans le sang et la plus dégradante servitude, cette conquérante du monde tendait la gorge à qui daignerait l'opprimer et proscrire ses plus illustres citoyens. C'était à la fois un tableau d'histoire et un tableau de mœurs que M. de Théis s'était donné à peindre, et il le fallait assez instructif pour attacher les esprits sérieux, assez dramatique pour plaire aux esprits frivoles.

Polyclète est un jeune et noble Athénien qui a vaillamment défendu sa patrie, la ville de Minerve, assiégée par Sylla, et que Sylla vainqueur envoie à Rome comme ôtage. Polyclète y devient l'hôte honoré et chéri du vertueux consul Octavius, et, mêlé à sa famille, observateur attentif et curieux de tout ce qui se dit, de tout ce qui se passe autour de lui, il le raconte à son père et à ses amis d'Athènes dans des lettres où l'intérêt le plus vif, qui s'attache à la nostalgie du jeune étranger, se confond toujours avec l'intérêt des terribles évènements dont il est le témoin, et du spectacle, si nouveau à

ses yeux, de la ville éternelle s'agitant dans sa grandeur
et dans ses misères. — Sylla, devenu dictateur, sauvé
du poignard d'un assassin par le généreux dévouement
de Polyclète, le renvoie dans sa patrie avec le titre, alors
si envié, de citoyen romain.

Voilà la fable où M. de Théis a fait entrer les trésors
accumulés de vingt ans de lecture. Qu'on y trouve une
imitation du voyage d'Anacharsis en Grèce ; qui le peut
nier ? Mais l'abbé Barthélemy n'avait-il pas été, vers la
fin du 18e siècle, l'imitateur ingénieux des *Lettres Per-
sanes* dont l'idée avait été fournie, dit-on, à Montesquieu
lui-même par le *Siamois* de Dufresny ? Ce qui importe
avant tout, c'est que l'auteur ait heureusement accom-
pli la tâche qu'il s'était imposée, qui était la peinture
d'une grande époque historique ; c'est que dans un cadre,
vieux déjà, mais rajeuni par un dessin nouveau, il ait
placé un tableau digne d'attention et de mémoire.

L'œuvre de M. de Théis souffre peu l'analyse, la sur-
face en est trop étendue ; c'est une série de lettres où
l'auteur, sur chaque matière qu'il traite, a condensé lui-
même, *rerum compressione brevis*, en traits soigneuse-
ment choisis et ordonnés, tout ce que l'antiquité lui a
offert, qui pût servir, par la connaissance des mœurs
privées des Romains, à l'intelligence de l'histoire de
Rome. Relisez, Messieurs, ces lettres, pleines d'une
instruction substantielle que la jeunesse, qui lit en cou-
rant, n'apprécie peut-être pas à sa valeur : voyez, derrière Polyclète voguant vers l'Italie, voyez Athènes
vaincue après une héroïque résistance, dépouillée de
ses richesses, mais non de ses monuments, de ses arts
et de son génie, s'effaçant dans la grande unité du monde
romain, mais pour triompher bientôt de ses fiers vain-
queurs par une puissance qui ne meurt pas et qui agit

toujours, par l'ascendant de l'intelligence et de la civilisation, par les immortelles influences de ses poètes,
de ses philosophes, de ses orateurs, de ces écoles enfin
où Platon avait dit que le beau n'est que la splendeur
du vrai : « Dieux de la Grèce, s'écrie avec transport le
» jeune voyageur, en jetant un dernier regard sur les
» côtes de sa patrie, dieux de la Grèce, je ne vous
» demande pas de vaines grandeurs ou de méprisables
» richesses ; permettez qu'un jour je revoie cette terre
» chérie, que je vous offre de dignes sacrifices dans ces
» mêmes lieux où j'appris à vous servir ; je ne puis plus
» vous offrir de parfums ; mais le cœur de l'infortuné
» qui vous implore, devient un temple, quand il est pur. »

Le jeune Athénien, en arrivant à Rome, est frappé
d'abord du mouvement et du tumulte de cette ville immense dont le monde entier est devenu tributaire, dont
chaque citoyen s'estime l'égal d'un roi. Dès ses premiers
pas, tout lui devient spectacle et sujet d'étonnement ;
Rome, bien souvent comparée à la Grèce, se déroule
vivante sous ses yeux et les nôtres, depuis l'intérieur
de la maison du consul, qui est son hôte, jusqu'au
Capitole, monument auguste et sacré, auquel sont atta-
chés les destins de la république, depuis l'esclave qui
s'agite autour d'un maître orgueilleux jusqu'au patri-
cien promis aux plus hautes dignités de l'Etat. Costumes,
usages, magistratures de tout ordre, institutions, lois,
langue, littérature, secouent la poussière des âges pour
se relever devant nous et reprendre l'action et la vie.

Venez avec Polyclète au temple de Junon ; vous y
assisterez au mariage du jeune Dolabella avec Octavie,
fille du consul ; et là vous pourrez observer de près,
dans les minutieuses cérémonies qui impriment la sain-

teté à l'union des époux, la piété d'un peuple qui, maître de l'univers, a encore foi à ses dieux.

Plus loin, quelle est cette foule qui se précipite? C'est le peuple-roi qui court à l'amphitéâtre où l'attend un spectacle de gladiateurs; ce sont des soldats romains, nouvellement enrôlés, prêts à partir pour l'armée, qui viennent voir de près couler le sang et s'accoutumer à contempler les blessures et la mort. Là tout revit sous le savant pinceau du peintre, et le théâtre immense, et les spectateurs impitoyables, et les victimes dévouées de ces jeux homicides.

Le lendemain, nous sommes au Champ-de Mars, au milieu des comices populaires. Suivez ce candidat qui demande les suffrages, haletant d'ambition, vêtu de sa robe blanche ouverte par-devant, afin de faire voir les blessures vraies ou feintes qu'il a reçues dans les combats, escorté de ses *nomenclateurs* qui lui désignent chaque citoyen par son nom et de ses partisans qui distribuent pour lui argent et promesses, humble jusqu'au jour qu'investi de sa puissance tribunitienne, il dominera le *forum* de sa parole séditieuse ou qu'assis dans la chaise curule, il reprendra sa fierté patricienne.

De cette vie agitée et tumultueuse d'un peuple entier, délibérant sur la place publique, nous n'avions entendu que les bruits vagues et lointains que Tite-Live avait fait arriver jusqu'à nous; de ces grands hommes dont Plutarque a jeté les figures en airain, de ces sénatus-consultes de ces plébiscites d'où est sortie la conquête du monde, malgré la turbulence d'une indomptable démocratie, nous ne connaissions que l'histoire, pour ainsi dire, extérieure. M. de Théis nous fait respirer l'air dont vivaient ces grands hommes; il a creusé le sol sur lequel ont été assis les monuments de l'antiquité romaine;

et, grâces aux études patientes et profondes dont il a
donné le signal, la Rome de Marius et de Sylla, sous la
couche des siècles qui pèsent sur elle, se révèle à nous
dans toutes les habitudes et les accidents de la puissante
vie qui l'animait, à la manière d'Herculanum, miracu-
leusement retrouvée dans les entrailles de la terre,
couchée et à jamais endormie, mais montrant aux yeux
étonnés ses rues, ses maisons, ses places, ses temples,
ses théâtres et tout l'appareil de la vie au sein de la mort.

Le *Voyage de Polyclète* obtint un grand et légitime
succès. Il fut traduit en plusieurs langues et cinq édi-
tions en furent rapidement épuisées. Enfin, le conseil
supérieur de l'instruction publique, en France, le ran-
gea, par une délibération spéciale, parmi les livres les
plus utiles à mettre aux mains de la jeunesse.

C'était justice. Ce bel ouvrage, toujours écrit d'un
style pur et de la meilleure école, souvent éloquent, a
remplacé pour nous les lourdes et arides dissertations
de l'érudition allemande; l'auteur aurait pu l'enrichir ou
plutôt le charger de notes attestant sa propre science;
il ne l'a point fait, à l'exemple de l'architecte qui,
après avoir élevé son monument, en abat les échafau-
dages.

C'est ainsi que M. de Théis, passionnant l'archéologie,
vécut vingt ans, jeune d'esprit et d'imagination, au
milieu de la vieille Rome exhumée par lui.

Cette vive prédilection pour les études historiques
le conduisit, quelques années après (1828), à publier un
autre livre d'une haute portée où le publiciste, accou-
tumé à réfléchir sur les causes de la grandeur et de la
décadence des peuples, se montre encore plus que l'his-
torien. Ce livre, qu'il intitula d'abord : *Politique des
Nations*, et plus tard *Revue de l'histoire*, est fondé sur

une désolante proposition, renouvelée de l'Anglais Hob-
bes, à savoir que l'homme, dans les diverses phases de
l'humanité, a été guerrier par force, destructeur par né-
cessité, et que l'état social n'est autre chose que la
guerre, la guerre rendue plus inévitable et plus terrible
à mesure que s'accroissent les populations des Etats. —
Quoi ! notre civilisation tant vantée ne pourra-t-elle donc
rien contre ce torrent qui nous entraîne, soumis que
nous sommes à cette loi fatale, inhérente à notre nature,
qui veut qu'une partie du genre humain détruise l'autre pour avoir place au soleil? « Non, répond le religieux
» auteur, dans sa désespérante impassibilité, non , il
» faut que la loi de Dieu ait son cours et s'accomplisse ;
» seulement l'homme, par sa prudence et ses efforts ,
» peut en reculer l'exécution pour un temps plus ou
» moins éloigné ; et n'est-ce rien que le temps pour ceux
» qui en ont si peu à passer sur la terre? »

Heureusement cette proposition, trop appuyée sur
les sanglantes annales des peuples anciens et modernes,
que l'auteur parcourt rapidement, n'a point passé dans
la raison publique. Elle avait déjà été contredite et réfu-
tée par notre illustre Montesquieu qui établit, au con-
traire, que la paix est la première loi naturelle de
l'homme ; que l'homme timide et dénué de tout dans
son état primitif, est porté à cette paix par le besoin
même de se nourrir et de se rapprocher de ses sembla-
bles, par l'attrait de sa reproduction et par le désir, inné
en lui, de vivre en société pour se mieux défendre (1).

Ajoutons que plus il s'élève vers Dieu et vers l'origine
de son être, que plus il grandit et s'épure par la civilisation, plus cette première loi de paix et de sociabilité

(1) *Esprit des lois*, liv. 1er, chap. 2.

2

se développe pour la satisfaction de ces mêmes be-
soins et proteste contre ces prétendus instincts de des-
truction et cette guerre éternelle, inexorable, qui con-
damneraient l'espèce humaine à se faucher et se dé-
truire périodiquement elle-même par ses propres mains.

Comment expliquer cependant que M. de Théis, écri-
vant dans le calme de cette paix féconde que nous avait
faite la Restauration, ait pu professer cette philosophie
pessimiste, si opposée à sa douce et sympathique nature ?
C'est que son ouvrage, publié en 1828, avait été conçu
pendant les guerres terribles de la révolution et de
l'empire, sur les débris fumants de l'Europe dévastée,
en présence de ces traités de 1815, qui ne paraissaient
aux plus sages qu'une trève aux guerres et aux révolutions nouvelles dont le monde était menacé. Ecoutez, en
effet, ce qu'il disait alors de la Russie, dans un cha-
pitre qui semble écrit d'hier :

« Quelle étendue ! que d'hommes ! que de soldats,
» que d'instruments de grandeur dans l'avenir ! que de
» causes de terreur pour le monde entier ! — Oui,
» la Russie menace le monde. Les moyens existent, la
» volonté est connue, l'exécution s'approche. Déjà elle
» commande à la moitié de l'Europe et elle glace d'ef-
» froi l'autre moitié. Elle possède toute la partie guer-
» rière de l'Asie ; les enfants de Gengis-Kan lui obéissent;
» après six siècles d'intervalle, elle peut les conduire
» aux sources éternelles des richesses et y puiser ce qui
» lui manque encore. L'Arabie, l'Egypte, qui sont si
» loin d'elle, s'alarment à son nom prononcé ; enfin,
» dépassant ce vieux continent où elle tient une si grande
» place, elle attaque le nouveau monde à revers, et
» les anglo-Américains s'étonnent d'avoir à traiter, pour
» leurs limites, avec un peuple dont ils semblaient de-
» voir ignorer l'existence. »

Puis, après un tableau vif et serré de l'accroissement
prodigieux de cette puissance par la forme absolue et
despotique de son gouvernement, par sa population ; par
ses colonies intérieures, par sa situation qui la met à
l'abri de toute invasion, il s'écrie : « La Russie s'est
» avancée, de son pas de géant, du Borysthène à la Vistule;
» encore un pas et elle touchera aux bords du Rhin.

» Ces temps sont éloignés ; mais ils peuvent arriver ;
» ils arriveront. Les pas sont comptés, la marche est
» régulière, le but est en évidence.

» Oui, l'empire de Russie prélude à la monarchie uni-
» verselle par une influence qui pèse sur toutes les na-
» tions ; il préside aux conseils des rois ; il dirige leur
» politique, il leur ordonne ou leur défend la guerre ;
» bientôt il leur choisira des ministres, et partout déjà
» ses ambassadeurs proclament les volontés plutôt que
» les intentions de leur maître.

» Devant lui s'ouvre le chemin de Byzance montré avec
» tant d'ostentation à Catherine II ; et avec quelle ardeur
» ils s'y précipiteront, ces hommes du Nord, si avides
» de jouissances ! Que d'attraits auront pour eux ces
» vins de Grèce si renommés, ces parfums délicieux, ces
» fruits exquis, ce ciel heureux, ces champs autrefois
» si riches et toujours si féconds ! Quelle conquête glo-
» rieuse pour le successeur de Pierre-le-Grand que ce
» trône où ont siégé tant d'empereurs ! »

Nous l'avons dit : c'est en 1828 que M. de Théis écri-
vait ainsi et que sa voix prophétique avertissait l'Europe
des périls qui la pressent aujourd'hui. Quoiqu'on puisse,
en définitive, contester la conclusion théorique et phi-
losophique du livre, c'est une belle ébauche d'histoire
universelle ; et par le fragment que son opportunité nous
a fait choisir, nous n'aurons pu vous donner encore

qu'une faible idée du mérite qui y brille partout, qui est l'art de grouper les évènements de toute une époque, la clarté des expositions, le coup d'œil rapide et profond et surtout la facilité et l'élégance continue du style.

Tous ces ouvrages furent composés à Laon, au milieu des joies paisibles de la famille, dans le silence et la paix d'une studieuse retraite, visitée seulement de quelques amis.

Ainsi, au 16e siècle, Bodin avait illustré notre vieille cité Carlovingienne en attachant son souvenir et son nom à la plupart des savants écrits par lesquels il créait la philosophie de l'histoire et faisait sortir des ténèbres du moyen-âge la science du droit public et l'économie politique.

M. de Théis, comme Bodin, n'était pas né à Laon. Mais l'un et l'autre s'y étaient fixés par un mariage heureux ; tous deux y avaient acquis leur droit de cité par des fonctions publiques noblement remplies.

Bodin, on le sait, était procureur du roi au présidial, et son courage civil y avait été mis à de rudes épreuves durant les troubles sanglants de la Ligue.

M. de Théis, successivement maire de Laon, conseiller et secrétaire-général de la préfecture de l'Aisne, y vit s'accomplir, sans que sa vie en fût troublée, deux révolutions à jamais mémorables, l'écroulement et la chûte de l'empire en 1814, la fin de la restauration et l'avènement de la monarchie de juillet en 1830.

Les âges passés n'avaient présenté rien de plus grand ; mais dans notre siècle, si fécond en retours, les tempêtes qui emportent les dynasties, ne laissent pas même aux guerres civiles le temps d'éclater dans leurs détestables excès et quelquefois dans leurs sublimes vertus.

Les passions politiques, nées de cette mêlée de toutes

les vanités et de tous les intérêts, n'eurent, dans ces
tristes interrègnes de la raison et du droit, aucune prise
sur l'âme de M. de Théis ; il n'eut qu'à suivre la pente de
son caractère naturellement droit et modéré.

M. de Théis avait été nommé maire de Laon au mois
de juin 1808, par un décret daté de Bayonne et signé
par Napoléon dans cette ville et dans le temps où, parvenu
à l'apogée de sa puissance, il préparait cette funeste
invasion de l'Espagne dans laquelle, pour la première
fois, la fortune devait manquer à son génie.

En 1812, M. de Théis fut attaché à l'administration
supérieure du département ; et, soit comme maire de
Laon, soit comme conseiller de préfecture, soit comme
secrétaire-général, associé pendant plus de vingt ans à
tout ce qui a été fait de bien pour orner ou enrichir ce
beau département, on peut dire qu'il honorait ses
fonctions autant qu'il en était honoré lui-même.

Ce fut sans doute le temps le plus fortuné de sa vie.
Père, époux heureux, estimé des concitoyens qu'il
s'était choisis, n'inspirant autour de lui qu'amour et
confiance, entouré de sa bibliothèque, ayant un bien
médiocre, comme le voulait Horace, que fallait-il de plus
à cet esprit cultivé, à cette ame d'élite ?

C'est dans cette situation, si digne d'envie, que le
surprit la révolution de 1830.

La restauration avait eu toutes les sympathies de M.
de Théis. Il était de ces hommes qui, comme Royer-
Collard, avaient rêvé l'alliance d'une liberté constitution-
nelle, sage et modérée, avec un principe d'autorité qui
fût puissant et hors de tout débat. Jeune, il avait vu
l'anarchie sous toutes ses formes ; plus tard, il avait pu
juger à quels abîmes conduit le pouvoir absolu, même
tempéré par les mœurs, même tempéré par la gloire.

— Un gouvernement qui voulait se fonder sur la charte de 1814, une dynastie revenue au trône après d'immenses malheurs et dont les droits se perdaient dans les origines de l'histoire, devaient plaire à M. de Théis, et il s'y attacha avec toute la sincérité d'un cœur généreux et ami de son pays.

Mais il n'avait pas compté sur les fautes, peut-être inévitables, des princes dont il avait salué le retour avec joie ; car ces fautes étaient inhérentes à la révolution qui les avait ramenés et peut-être à la nature même de toute restauration, où le pouvoir est à la fois ancien et nouveau, obligé de marcher et de tenir la balance entre des partis contraires et hostiles, lutte acharnée et permanente, où la loyauté et la bonne foi même sont suspectes, où Henri IV laissa sa noble vie, où les Stuarts perdirent à jamais leur couronne.

On sait comment Charles X perdit la sienne. M. de Théis n'eut pas de peine à se rallier au gouvernement de juillet, sorti d'une insurrection, il est vrai, mais d'une insurrection qui eut un moment la France entière pour complice. Après que la liberté et le principe monarchique eurent été sauvés, quel bon citoyen pouvait refuser ses services au prince habile que la France proclamait roi et qui semblait avoir été tenu en réserve pour lui rendre l'ordre et la paix ?

Par ordonnance du 7 août 1830, M. de Théis fut appelé à la préfecture de la Haute-Vienne.

La mission était importante, difficile surtout. A ce moment, l'insurrection n'avait pas encore déposé ses armes victorieuses, et la France, au Midi comme au Nord, encore émue et palpitante, tout étonnée d'avoir dépassé le but qu'elle poursuivait, demandait, avec plus d'entraînement que de sagesse, non d'autres institutions , mais des garanties qu'elle n'avait pu obtenir de l'infortuné Charles X.

Ces passions politiques, qui grondaient au fond des cœurs ou qui s'emportaient en éclats bruyants, à la veille du procès des ministres, le devoir d'un préfet était de les contenir, de les calmer d'abord, et, plus tard, de les concilier, s'il était possible. M. de Théis trouva, en arrivant, l'importante ville de Limoges, où son action devait principalement s'exercer, en proie à une crise financière et commerciale, grosse de malheurs de toutes sortes, qu'il put conjurer, à l'aide des meilleurs et des plus dévoués citoyens ralliés autour de lui.

Puis, le ciel devenu un peu serein aux sommités du pouvoir, les salutaires influences de l'administrateur sage et paternel se firent sentir de toutes parts. Les partis ne cessèrent point leurs cruelles et sourdes récriminations ; mais ils firent silence autour de M. de Théis ; mais à sa voix, la paix dont sa vénérable figure était l'image, rentrait dans les cœurs les plus irrités , et on pouvait lui appliquer ce vers de Virgile :

Iste regit dictis animos et pectora mulcet.

Beaucoup de choses et des plus utiles furent achevées ou commencées sous son administration ; elles en garderont la date. Mais il n'eut qu'à seconder le mouvement qui, parti du trône même, donnait un puissant essor à toutes les industries et à toutes les forces productives du pays, en négligeant trop peut-être les intérêts moraux sur lesquels se fondent les sociétés et les gouvernements qui veulent durer. Ce qui appartient en propre à M. de Théis, dans ces trois mémorables années de sa vie, c'est la sagesse née de la longue expérience des hommes et des choses, c'est là vertu aimable, attirante, incarnée dans le pouvoir.

J'habitais alors un département voisin ; mes amis furent les siens (1) ; et bien souvent j'ai entendu, à son nom prononcé, l'écho de leurs souvenirs et de leurs regrets. Dans cet hôtel de la préfecture, qui fut bâti et habité vingt ans par le célèbre Turgot, il y avait des réceptions officielles et de charmantes réunions intimes. Aux réceptions officielles, peu de légitimistes se laissaient voir, ai-je ouï dire ; mais, le soir venu, lorsque s'ouvrait le salon des amis, c'était à qui serait reçu dans cet intérieur plein de simplicité, où se retrouvait, non plus le préfet, mais l'homme excellent qu'on n'avait qu'entrevu sous son habit brodé. C'est là que M. de Théis brillait de son esprit facile et orné, que son âme s'épanchait et que sa conversation, toute semée de souvenirs et de mots heureux, surtout lorsque sa gracieuse fille lui donnait la réplique, instruisait et charmait ses auditeurs attentifs ; c'est là que, en le voyant disposer de tous les trésors d'une inépuisable mémoire, on s'étonnait de ne le trouver étranger à aucune branche des connaissances humaines.

Cependant arrivaient les jours du malheur. Deux fils faisaient la joie et l'orgueil de sa vie. Voilà que l'un d'eux, l'aîné, déjà brillant officier dans la garde royale, plein d'esprit et de courage, lui fut ravi, à Limoges

---

(1) M. le premier président Tixier-Lachassaigne, MM. les conseillers Barny, Fournier, feu M. Ardant, secrétaire-général de la préfecture, l'ami de Martignac, l'un des hommes de ce temps qui ont le plus honoré la ville de Limoges. — C'est à M. le conseiller Fournier que nous devons les principaux traits de cette notice relatifs au passage trop court de M. de Théis dans la Haute-Vienne.

même, par une effroyable mort. Ce fut un coup de foudre frappant la tête blanchie du vieillard; et, le lendemain, comme si le sort avait voulu lui faire vider jusqu'à la lie, en une seule fois, la coupe d'amertume, le *Moniteur* apportait la nouvelle de son remplacement; le ministère l'admettait à faire valoir ses droits à la retraite. Ainsi se vengeait un député, alors puissant, qui ne l'avait pas trouvé assez dévoué à sa candidature.

Ce jour deux fois néfaste, dans une famille naguères si heureuse, fut le 14 juillet 1833.

Je ne voudrais pas, Messieurs, être accusé d'exagération, même en louant un mérite si pur, une vertu si éprouvée. Mais puis-je omettre les touchants adieux par lesquels une généreuse population voulut honorer à la fois l'administrateur et l'homme privé? A la première nouvelle de ce dernier coup porté à ce père si digne de pitié à ce moment, la ville entière courut à la préfecture comme par un mouvement spontané et noblement contagieux, et le jour même, une protestation, chargée de plus de 6,000 signatures, partit pour demander la réintégration de ce préfet si aimé, si regretté, si malheureux !

Vaine et impuissante démarche qui fut du moins l'expression sincère d'un deuil public !

M. de Théis se montra supérieur au sort qui l'accablait. Son ame brisée se releva et se sentit consolée en présence de ce deuil qui ennoblissait sa disgrâce. Il consentit à demeurer plusieurs mois encore, comme un hôte cher et consacré par le malheur, dans une ville qui l'avait su si bien comprendre et où sa douleur rencontrait tant et de si affectueuses sympathies.

Quelques années lui restaient encore à vivre; il vint

les passer à Paris, auprès de sa fille chérie, s'occupant à diriger les premiers pas du petit-fils qu'elle lui avait donné, à graver dans cette jeune ame les principes qui l'avaient toujours dirigé devant Dieu et devant les hommes, et à le rendre digne de porter le nom illustre dont il devait être l'unique héritier.

Ce fut la joie de ses derniers jours, mais non la seule distraction de cet esprit actif encore sous les glaces de l'âge, de ce cœur nourri des plus pures maximes de la sagesse antique, de ce philosophe enfin, selon l'évangile et dans la meilleure acception de ce mot. La belle loi du 28 juin 1833, sur l'instruction primaire, venait de satisfaire au vœu public si souvent exprimé. Chaque commune allait avoir son école instituée à côté du presbytère ; c'était le principe démocratique descendu jusqu'à l'enfance et à l'école de village ; c'était, pour tous, l'égalité dans la distribution d'un enseignement élémentaire et légal, conséquence heureuse et inévitable de l'égalité dans l'ordre civil et politique : ère nouvelle ornée alors de toutes nos illusions libérales, mais, il faut le reconnaître aujourd'hui, pleine de périls pour l'avenir. Cette jeunesse, jusque-là vouée aux travaux de la campagne et des ateliers, développée maintenant dans tous ses instincts et ses aptitudes intellectuels, ne sachant plus où se prendre, s'arrêterait-elle devant les hiérarchies nécessaires de notre ordre social ? N'allait-elle pas fermenter pour toutes les ambitions ? Ne pouvant plus lui imposer le frein, ne fallait-il pas se hâter de lui inspirer l'amour de la règle et du devoir ?

M. de Théis le comprit des premiers ; instruire le peuple et le moraliser en même temps avait été l'objet de ses constantes méditations ; il fallait faire plus : à ces jeunes hommes sortant des écoles dans l'âge des passions, en qui résidait pourtant tout l'avenir du pays, il voulut tracer des principes de conduite dans la vie et leur apprendre avec autorité que le bonheur ici-bas n'est attaché qu'à la pratique de la vertu. Sous cette patriotique et paternelle inspiration, il publia, en 1834, un écrit auquel il donna ce simple titre : *Conseils aux jeunes gens qui sortent des écoles primaires.* C'est un traité des devoirs à la portée et à l'usage des enfants du peuple, relevés et ennoblis par l'instruction, où respire l'ame d'un sage et d'un chrétien avec la tendre sollicitude d'un père sur la destinée future de sa famille ; c'est la morale la plus pure appliquée à toutes les situations de la vie commune, comme Fénélon l'eût enseignée aux fils des cultivateurs de son diocèse de Cambrai. Descendu des hauteurs de l'histoire, penché vers la tombe, plein de jours et d'expérience, M. de Théis semble avoir pris pour devise ces paroles du divin maître : *Sinite hos pueros usque ad me venire.* Il s'adresse tour à tour au jeune homme, à l'époux, au père, et pour chacun d'eux sa main est pleine de consolantes vérités et de salutaires conseils. Puis, en finissant, il s'écrie avec une douce et triste mélancolie : « Adieu, mes bons, mes chers enfants ; » poursuivez votre voyage. Encore quelques pas et le » mien sera fini. Puisse celui devant qui je dois paraître » me tenir compte de tout le bien que j'ai voulu vous » faire ! Puissent les derniers conseils d'un ami laisser » en vous quelques souvenirs ! »

Peu d'années après, le 24 décembre 1842, M. de Théis rendait son ame à ce dieu qu'il pouvait invoquer avec confiance, laissant un fils en qui revit la noblesse de ses sentiments et que la diplomatie a disputé aux lettres. Il s'éteignit doucement dans les bras de cette fille aimée et pieuse, que plusieurs d'entre vous connaissent, qui fut jusqu'à la fin son Antigone, et qu'il avait ornée à plaisir de tous les talents et de toutes les vertus. (1)

Tel fut M. le baron Alexandre de Théis.

Nous ne craignons pas d'avoir été long dans un éloge qui était une dette de la ville de Laon envers une mémoire si digne d'être honorée. C'est, d'ailleurs, le privilège d'une vie si pure et si bien remplie, d'être religieusement conservée et citée en exemple à ceux qui survivent; et quelle étude plus attrayante pour le panégyriste que de suivre pas à pas, dans ses ouvrages même, cet esprit riche en toute sorte d'instruction, et de faire connaître, pour ainsi dire, au dehors et au dedans, l'homme au cœur droit et toujours bienveillant, l'honnête homme enfin, comme on disait au 17e siècle pour exprimer l'élégance du langage et des manières unie à tout ce qu'il y a de plus solide et de plus excellent dans l'homme de bien ?

HIPPOLYTE GRELLET.

Président du Tribunal de Laon,
Vice-Président de la Société Académique.

(1) Madame la vicomtesse Auguste de Saint-Cricq.

13

www.ingramcontent.com/pod-product-compliance
Lightning Source LLC
Chambersburg PA
CBHW070745280326
41934CB00011B/2807